Compartir el amor

Colección
FAMILIA
Segunda Serie

AMAR NO ES TAN FÁCIL
  Pedro Cometti, 5a. ed.
A MIS HIJOS LOS EDUCO YO
  Alzira Lopes, 3a. ed.
APRENDER A AMAR EN PAREJA
  Renold J. Blank, 5a. ed.
AYUDEMOS A LOS HIJOS
A ENCONTRAR A DIOS
  Benigno Scarpazza, 4a. ed.
CASA DE PADRES, ESCUELA DE HIJOS
  Alzira Lopes, 4a. ed.
CHARLAS FAMILIARES
  Hernando Duque, 4a. ed.
CÓMO ENRIQUECER
LA VIDA MATRIMONIAL
  Hernando Duque - Rebeca Sierra, 6a. reimpr.
CÓMO MEJORAR
LAS RELACIONES FAMILIARES,
  Hernando Duque, 7a. ed.
EDUQUE A SUS HIJOS PARA DIOS
  P. Zezinho, 3a. ed.
EN EL CIELO Y EN LA TIERRA
  Aldo María Valli (en preparación)

FORMACIÓN INTEGRAL DE LOS HIJOS
  Hernando Duque Yepes (en preparación)
HIJO ÚNICO: UN SER CONTROVERTIDO, EL
  Hernando Duque, 1a. ed.
MATRIMONIO FELIZ, EL
  Ignacio Larrañaga, 1a. reimpr.
RELACIONES HUMANAS
EN LA VIDA FAMILIAR,
  Hernando Duque - Rebeca Sierra, 6a. ed.
SACRAMENTOS EN LA FAMILIA, LOS
  Justiniano Beltrán, 3a. ed.
SOMOS NOVIOS
  Manuel Díaz, 9a. ed.
UNA VIDA DE A DOS
  José Carlos Correa, 3a. reimpr.
VIDA EN FAMILIA, LA
  Hernado Duque, 4a. reimpr.
YO CREO EN LA FAMILIA
  Luiz Miguel Duarte, 1a. ed.
COMPARTIR EL AMOR
  Pedro Cometti, 3a. reimpr.

Pedro Cometti

Compartir el amor

SAN PABLO

Título original
Partilhar amor, reflexões para casais

Autor
Pedro Cometti

© Paulus Editora
Rua Francisco Cuz, 229, Vila Mariana
04117-091, São Paulo, SP - Brasil

Título traducido
Compartir el amor

Traducción
César Castelli

Impresor
Sociedad de San Pablo
Calle 170 No. 23-31
Bogotá, D. C. - Colombia

ISBN
958-607-473-0

3a. reimpresión, 2002
Queda hecho el depósito legal según
Ley 44 de 1993 y Decreto 460 de 1995

© SAN PABLO
Carrera 46 No. 22A-90
Tel.: 3682099 - *Fax:* 2444383
Barrio Quintaparedes
E-mail: spdiredit@andinet.com

Distribución: Departamento de Ventas
Calle 18 No. 69-67
PBX: 4114011
Fax: 4114000 - A.A. 080152
E-mail: spdircom@col1.telecom.com.co

BOGOTÁ, D.C. - COLOMBIA

Prefacio

LAS páginas que les ofrezco ahora, no son el fruto de sabias elucubraciones: son pensamientos surgidos del corazón de quien, desde hace años, se dedica a los novios y matrimonios por medio de la *pastoral familiar*, con todo el entusiasmo que los años, lejos de amainar, aumentan constantemente.

Intentan ser una píldora vitaminizadora del amor que, espero, ayudará a la pareja a meditar, dialogar, crecer en la comprensión, en la armonía y en la alegría de vivir en plenitud el sacramento del matrimonio.

Si los pensamientos que les ofrezco en este libro logran ayudar a que alguna pareja pueda construir o reconstruir su felicidad, me sentiría muy feliz.

¿Recuerdas aquel día feliz?

USTEDES ya habrán mirado más de cien veces el álbum de fotos del matrimonio y seguramente han revivido aquella noche inolvidable. Los invitados, las flores, los parientes y amigos, los regalos... De vez en cuando, es bueno sumergir la mirada y el corazón en el álbum de fotos; pero, también es necesario revivir el rito del matrimonio, el juramento pronunciado aquel día frente a Dios y a la comunidad.

Novia, entraste a la iglesia acompañada por tu padre. El novio, que aguardaba ansioso, se separó de sus familiares y fue a tu encuentro. Besaste a tu padre que se alejó y, tomando de la mano al elegido de tu corazón, iniciaron el camino rumbo al altar. Aquella fue la gran y oficial despedida. En aquel instante, ustedes iniciaban la vida de a dos. "Por eso el hombre dejará padre y madre, hermanos y hermanas y se unirá a su mujer; y los dos no serán sino una sola carne".

A partir de ese día, la vida de ustedes: ¿Creció en el amor? ¿Maduraron juntos? ¿Valió la pena dejar padre y madre, hermanos y hermanas?

¿Recuerdan el diálogo entre ustedes y el sacerdote? "Vinieron aquí para unirse en matrimonio: ¿lo hacen libre y espontáneamente?

Fue un acto libre, una opción de personas inteligentes. Por lo tanto, no caben ahora lamentos o arrepentimiento. Lo que hay que hacer es vivir en plenitud, con optimismo, alegría y donación la unión que ustedes dos quisieron con "libre y espontánea voluntad".

"¿Se comprometen a amarse y a respetarse durante toda la vida?". "Sí, nos comprometemos".

¡Con cuánto entusiasmo respondieron a esta pregunta! ¡Qué rápido salió el decisivo y definitivo "sí"!

Sin embargo, pareciera que, para algunos, el amor y la fidelidad tienen la breve duración de una flor o de un sueño... Al primer desencuentro, el amor pierde todo su brillo. Aquella locución adverbial "para toda la vida" se redujo a unos meses apenas.

El amor no debe estar condicionado a ninguna discusión o pelea.

Al igual que una planta, las lágrimas lo riegan y fecundan. Yo prometí al otro amor y fidelidad. Pero, infelizmente, busco y exijo amor y fidelidad para mí; y precisamente esto no es amor, tiene un nombre específico: egoísmo.

"Cristo renueva el primitivo designio que el Señor inscribió en el corazón del hombre y la mujer y, en la celebración del matrimonio, ofrece un 'corazón nuevo'. Así, los esposos no solamente pueden superar la 'dureza de corazón', sino también y sobre todo, compartir el amor pleno y definitivo de Cristo, nueva y eterna alianza hecha carne" (Juan Pablo II).

"En cuanto es y debe ser comunión y comunidad de personas, la familia encuentra en el amor la fuente y el estímulo incesante para acoger, respetar y promover a cada uno de sus miembros a la altísima dignidad de personas; es decir, imágenes vivas de Dios.

El criterio moral de la autenticidad de las relaciones conyugales y familiares consiste en promover la dignidad y vocación de cada una de las personas que encuentran su plenitud mediante el don sincero de sí mismas" (Juan Pablo II).

"La comunión familiar solamente puede ser conservada y perfeccionada con un gran espíritu de sacrificio. Exige, de hecho, de todos y de cada uno, una pronta y generosa disponibilidad para la comprensión, la tolerancia, el perdón y la reconciliación. Ninguna familia ignora cómo el egoísmo, el desacuerdo, las tensiones y conflictos, agreden de forma violenta y, a veces mortal, la comunión: de aquí derivan las múltiples y variadas divisiones en la vida familiar.

Pero, al mismo tiempo, cada familia está llamada por el Dios de la paz para hacer la experiencia siempre alegre y renovada de la reconciliación; o sea, de la comunión restablecida, de la unidad reencontrada" (Juan Pablo II).

"Para toda la vida". Está claro que la nueva pareja no puede tener la experiencia y madurez deseable. Es necesario crecer, madurar. La planta del amor es la más bonita y los frutos son la felicidad.

Pero, la planta requiere cuidados y, siendo nueva, es atacada por mil insectos, por el exceso de sol, por la falta de lluvia... Mas, con paciencia, inteligencia y cuidados, la planta se torna exuberante y causa admiración debido a su belleza y abundancia de frutos. Ustedes tienen toda la vida para cuidar y hacer crecer su amor y fidelidad. No se desanimen... cuiden del árbol de su matrimonio con amor, con fidelidad, durante toda la vida.

Aunque dos personas vivan juntas, el edificio del amor no está definitivamente construido. El matrimonio no es un punto de llegada. Desde allí parten hacia un amor que debe crecer para no morir. Y esto porque el amor tiene un enemigo que no resulta fácil de eliminar totalmente: el egoísmo arraigado en cada uno de nosotros. Los matrimonios fallidos y las convivencias escuálidas son, la mayoría de las veces, fruto de uno o dos egoísmos no combatidos. El hombre y la mujer están hechos para el amor, viven únicamente en el amor, pero encuentran muy difícil el camino hacia el amor.

Llegarán las crisis: defectos, debilidades, contradicciones. Perderá brillo aquel campo florido que marcó los primeros encuentros. Pero, suceda lo que suceda, siempre podemos contar con el coraje y la gracia que Dios derrama diariamente.

La pareja que reza renueva su amor todos los días.

"Yo te recibo". ¿Pensaste en el significado del verbo recibir? Si yo recibo, quiere decir que hay donación por parte de alguien. Yo no compré, no cambié, no exigí, sino que recibí con los brazos y el corazón abiertos. Y recibí el regalo de una vida, un cuerpo, un corazón, toda la realidad de un regalo y todos los sueños del futuro...

Y, a partir del momento en que yo te recibí, nunca más te dejaré. Si guardo con mil cuidados un regalo lindo recibido de los amigos el día del matrimonio, ¿cómo podré descuidar la vida que recibí y llegar al extremo de despreciarla y alejarla de mi vida?

No. "Prometo serte fiel en la alegría y en la tristeza, en la salud y en la enfermedad, amándote y respetándote todo los días de mi vida".

El auténtico amor conyugal exige que el hombre tenga un profundo respeto por la igual dignidad de la mujer. "No eres el señor —escribe san Ambrosio— sino el marido; no te fue dada como esclava, sino como mujer... Retribúyele todas las atenciones que tiene para contigo y sé agradecido por su amor".

"Con la esposa el hombre debe vivir una forma muy especial de amistad personal. El cristiano, además, está llamado a desarrollar una nueva actitud de amor, manifestando a la esposa la caridad delicada y fuerte que Cristo nutre por la Iglesia" (Juan Pablo II).

La vida conyugal tiene su base en el amor: se enriquece y perfecciona gracias al fermento del amor como disponibilidad, don, olvido de sí. Es bueno recordarlo una vez más, la vida de la pareja está siempre amenazada por el cáncer del egoísmo.

Seamos sinceros: la mayoría de las veces amamos para amarnos; frecuentemente los esposos dejan espacios vitales al gusano del egoísmo; incontadas veces, se ama al otro porque pensamos en nosotros mismos.

La pareja debe recuperar cada día el significado de la propia existencia; el sentido profundo de la vida de a dos no consiste en tener más, sino en ser más amor, más donación. De otra manera, el espíritu malo del cual habla el Evangelio, corroe la armonía familiar y sumerge a la pareja en una amenazante crisis de unidad.

"Aquel que ama —escribió Sartre— huye de sí mismo y se olvida de sí". Y otro escritor francés afirma con palabras de sabor evangélico: "Todo aquello a lo que renunciamos se transforma en vida. Quien busca afirmarse termina negándose; quien renuncia a sí mismo se afirma. La posesión total se experimenta en el don de sí".

Ningún matrimonio, por feliz que sea, debe considerarse totalmente realizado y satisfecho, al punto de avanzar por inercia. El amor tiene que cultivarse. Por cierto, el día del matrimonio es una etapa importante; pero no es un punto de llegada. Los esposos no pueden sentarse. Deben caminar juntos. No son los grandes actos de heroísmo que mantienen el nivel del amor elevado, sino los mil gestos de la vida cotidiana.

Un enemigo astuto de la unidad conyugal es la rutina. Logra infiltrarse cuando ninguno de los dos está ni se siente unido por un amor verdadero. Cuando aquello que llamaban amor no es más que un sentimiento de posesión, pronto emergerán las limitaciones humanas de ambos y comenzará a imperar el aburrimiento.

Cuántos matrimonios afirman, como causante de separación: "No nos amamos más". La verdad es otra: nunca se habían amado; o mejor, cada uno siempre y solamente se había amado a sí mismo.

¡Si el amor muere es porque nunca nació!

No son las leyes las que terminarán con el machismo, dando perfecta igualdad de condiciones a la mujer y al hombre. Será únicamente el amor, que hace que nos olvidemos de nosotros mismos, que pone a la otra criatura en pie de igualdad, en su dignidad de persona humana, provocando no solamente un cambio en la soledad, sino salvando de la soledad. Cuando queremos "recibir" de una persona antes que "dar", hacemos de la misma un objeto y la utilizamos.

Amar es construir

"TODO el que escucha las palabras que acabo de decir y las pone en práctica, puede compararse a un hombre sensato que edificó su casa sobre roca. Cayeron las lluvias; se precipitaron los torrentes, soplaron los vientos y sacudieron la casa; pero ésta no se derrumbó porque estaba construida sobre roca. Al contrario, el que escucha mis palabras y no las practica, puede compararse a un hombre insensato, que edificó su casa sobre arena. Cayeron las lluvias, se precipitaron los torrentes, soplaron los vientos y sacudieron la casa: ésta se derrumbó, y su ruina fue grande" (Mt 7, 24-27).

Invitaciones..., fiestas..., luna de miel..., todo terminó. Y ahora ustedes dos están ahí, juntos nuevamente.

Comienza, justamente ahora, en la tranquilidad del hogar, en los quehaceres y preocupaciones diarias, en la rutina de la vida de pareja, la construcción de una obra de arte que los empeñará a los dos por toda la vida: la construcción del amor.

Pues es así: el amor no es luz que ofusca los ojos; no es perfume que enerva los sentidos; no es fuego avivado tan de prisa como rápidamente extinto... No. Amor es construcción.

Y toda construcción, por más grande que sea, está hecha, de pequeñas cosas: granos de arena, piedritas, ladrillos que, a primera vista, parecen insignificantes y sin valor, pero sin ellos se torna imposible levantar el edificio.

En el amor, en la vida conyugal, nada es despreciable, todo es útil. Pequeños gestos de delicadeza, pequeños actos de generosidad, señales de cariño. Todo, todo coopera en la construcción del amor.

Algunos creen que lindos y valiosos regalos garantizan y ponen a prueba la felicidad y el amor. ¡Gran engaño! Pienso que la multiplicación de pequeñas atenciones, de actitudes renovadas de cariño, alimentan más y mejor la felicidad del matrimonio. Una flor, un libro, un beso, una sonrisa, una caricia, un adorno, una palabra de alabanza... son píldoras vitaminizadoras del amor.

¿Qué artista no necesita cruzarse de brazos sobre su obra de arte para corregirla, perfeccionarla? Si las telas y los mármoles que ornamentan museos y adornan plazas e iglesias pudiesen hablar..., corregir, retocar, reformar... Así tiene que ser en la vida conyugal.

No todo produce resultados al comienzo. Son dos personalidades con formación y gustos diferentes que comienzan a vivir juntas. Es normal que haya pequeños desencuentros y desavenencias... No dejemos de construir nuestra obra de arte y vayamos reviendo nuestras actividades, reformulando nuestro modo de pensar, hablar y actuar. Todo con humildad, porque ninguno de nosotros dos es dueño de la verdad, señor de la perfección. Nadie es infalible.

Cuanto más aprecio mi obra de arte, con mayor cariño descubro los pequeños defectos e imperfecciones que disminuyen su belleza y trato de corregirla.

Así debe ser en la vida de pareja. Si ustedes dos se aman en serio, uno intente ayudar al otro en la corrección de fallas y errores que desdibujan la obra de arte comenzada por ustedes. Pero, corrijan con delicadeza, con mucho cuidado; en fin, con mucho amor.

Si amas de veras, sabrás descubrir y valorizar en el otro tantas cualidades que, de otra manera, se perderían escondidas y sin utilidad.

El buscador de piedras preciosas, tiene un montón de piedritas y de tierra; a simple vista, no tienen el mínimo valor. Pero, con paciencia, esperanza y constancia, lava aquel informe montón de cascotes y, finalmente, allá abajo, brilla la soñada pepita de oro.

Amar es esperar a alguien para siempre. Quien busca con cariño, un día descubrirá riquezas nunca soñadas en el corazón de la persona amada.

"Te conozco desde hace tiempo, no sirves para nada", decía un padre airado a su hijo adolescente. Ese muchacho no se recuperará nunca más: con esta infeliz frase el padre le destruyó todo el futuro. Estaba convencido de que no servía. Yo le hubiera dicho: "Hijo, tienes muchas buenas cualidades; muestra lo que de hecho eres. Creo y espero en ti".

Y de aquel montón informe de pereza, rebelión, actitudes antipáticas, habría aparecido, con un trabajo paciente y amoroso, una pepita de oro.

Esposos, actúen de esta manera: esperen contra toda esperanza y jamás se cansen de buscar cualidades para elogiar en el compañero escogido antes que defectos para recriminar. Esto es amor.

"Yo te conozco muy bien...". No es tan fácil conocer al otro, puesto que una de las cosas más difíciles es autoconocerse. Ustedes deben intentar conocerse, no para criticarse o despreciarse, sino para ayudarse uno al otro. Sean como abejas que vuelan de una flor a otra para extraerles el polen. No sean como las moscas, que les gusta posarse y deleitarse en todo lo infectado y repugnante.

La construcción del amor, de esta obra de arte que se perpetuará en los hijos y en los nietos, nunca termina. Hay siempre algo por reformar, mejorar o arreglar. Mas, a medida que pasan los años, el amor se purifica y fortalece más y más; y, a la sombra de esta sólida y linda construcción, se cobijan felices los hijos y nietos, corona viva y latente de una pareja que, a lo largo de los años, con arte y paciencia, edificó el monumento del amor.

"Soy así y no cambio". Una frase que revela poca inteligencia y mucho orgullo. Cambiar es una necesidad de la vida. Cambiar es una condición para mejorar. Ninguno de nosotros es perfecto, sino que todos somos susceptibles de perfeccionamiento. Los esposos pueden y deben cambiar; no para ser idénticos, lo que sería empobrecedor, sino para que uno se alegre y se enriquezca con las perfecciones del otro.

La comparación que Jesús hace de la casa construida sobre roca es muy feliz e inspiradora.

A veces, una construcción, aunque aparentemente sea sólida, puede presentar rajaduras y grietas preocupantes. Será implacable a la acción del tiempo, a las modificaciones del terreno, quién sabe...

La construcción de nuestro matrimonio es víctima de muchos y traicioneros enemigos. Somos tan mutables en nuestros sentimientos... El clima permisivo y erotizado que respiramos... El desgaste nervioso ocasionado por la acumulación de trabajos y preocupaciones puede aflojar alguna pared de nuestra construcción.

Calma y paciencia. Vamos a estudiar las causas de esas rajaduras sin arrojarnos piedras uno al otro y, con seguridad y dedicación, reforcemos los cimientos, renovemos paredes, pintemos todo nuevamente. Y la construcción de nuestra pareja ganará en solidez y belleza.

¿Ustedes no renuevan, de tanto en tanto, la imagen de su casa o departamento? Una nueva reubicación de los muebles, una pintura, una nueva distribución hacen más agradable el ambiente.

En la construcción de la vida familiar, debemos temerle a la rutina. La monotonía es implacable: con el tiempo, mata.

La pareja debe renovarse siempre. Quien ama nunca termina de descubrir tantas pequeñas manifestaciones de afecto. Será una flor, una revista, una palabra, un pequeño gesto... Todo lo que se hace con amor no es pequeño ni insignificante: es algo grande y precioso como lo es el mismo amor. Una construcción, por más que sea sólida, bien terminada, con material de primera calidad, siempre requiere algún retoque, alguna reforma. Aunque no sea más que para hacerla más agradable y acogedora.

El matrimonio de ustedes, esta construcción viva, necesita de retoques, reformas, nueva pintura.

Será un viaje de descanso. Podrá ser un "encuentro matrimonial" u otro de los tantos parecidos, en donde ustedes podrán reflexionar sobre su vida de pareja a la luz de la Palabra de Dios, de conferencias y de diálogos.

Conozco parejas que, después de estos "encuentros", reencontraron toda la poesía de los primeros años de casados y reiniciaron una vida nueva y feliz.

"Si el Señor no construye la casa, en vano trabajan los constructores", leemos en la Biblia, en el libro de los Salmos.

No creo en la estabilidad del vínculo matrimonial, en la fidelidad al juramento de amor hecho el día del matrimonio, si está afianzado solamente en las dotes físicas, en la riqueza, en el confort.

El gran constructor y el gran defensor de la familia fiel y feliz sigue siendo Cristo, cuya lección de amor, bañada con su sangre, clama siempre y a todos: ¡Amense siempre! ¡Perdonen siempre! Si dejamos que Cristo y sus eternas enseñanzas de amor permanezcan en el olvido, tal vez logremos levantar una elegante construcción familiar, pero con bases falsas que tarde o temprano terminará en la ruina.

La Palabra de Dios dice: "Si el Señor no construye la casa, en vano trabajan los constructores...".

Diálogo entre los padres y con Dios

DESCUBRAMOS y valoricemos el diálogo. Es un sano e indispensable alimento de la vida conyugal. Una pareja que no dialoga, tarde o temprano verificará la inautenticidad de su experiencia conyugal o, peor todavía, la difícil conciliación y la definitiva ruptura. Los esposos que no conversan entre sí, que no se esfuerzan en dialogar, se convierten en víctimas de la soledad moral y psicológica; cederán fatalmente a la angustia de la soledad y se precipitarán en el olvido de la incomunicabilidad. El diálogo es absolutamente necesario para la salud y solidez de la vida conyugal.

Cada uno de nosotros percibe una gran dificultad para comunicarse con el otro. Tenemos miedo de ceder. El diálogo requiere elasticidad, disponibilidad para hacer ciertas concesiones; exige que se discutan las ideas y opiniones. A veces, el excesivo orgullo aconseja a los cónyuges evitar el diálogo. En el diálogo siempre hay quien, imperceptiblemente, domina al otro y éste, como medio de defensa, prefiere la discusión.

Enemiga del diálogo es la televisión, a la cual nos entregamos sosegadamente, tragando como si fuesen píldoras sus mensajes, por lo menos discutibles. Resulta mucho más fácil dejar hablar al video que esforzarnos y, aunque sea con sacrificio, mantener un diálogo en familia.

El diálogo facilita el conocimiento del otro; agiliza la observación y aproximación recíprocas; aumenta el deseo de unión; invita a una adaptación recíproca; determina un proceso de transformación y cambio para acercarse más y más al otro.

El diálogo es y debe ser un acontecimiento que marca un tiempo fuerte, una etapa; un continuo descubrir al otro; un progresivo entendimiento y una donación recíproca. El diálogo nos acerca, siempre más, al respeto.

El diálogo exige el mutuo respeto de los dialogantes. Donde existe voluntad de colaboración y de encuentro, se da, ciertamente, el respeto.

Respeto significa desear que el otro crezca y se desarrolle según lo que es. El respeto es aquel sentido maduro y profundo del verdadero amor que, uniendo dos o más personas, permite a cada una ser, vivir y actuar libremente como persona humana.

El diálogo es un encuentro de amistad. De hecho, es característico de la amistad ponerse a la escucha de la voz y del corazón de otro, aun antes de hablar.

Cuando el diálogo es, de hecho, un sincero encuentro de amistad, los cónyuges se tornan verdaderamente capaces de abrirse uno al otro en la verdad y el amor. Así, son capaces de liberarse del egoísmo, del miedo, de la apatía. En un clima de amistad el diálogo se desarrolla calmo, sereno, afable, discreto, prudente.

El diálogo entre esposos encuentra su fundamento en el diálogo con Dios. Dialogar con Dios implica estar disponibles a la escucha y, consecuentemente, a la reflexión y a la meditación. Y esto no resulta fácil en un mundo tan complejo; en una existencia caracterizada por las rápidas transformaciones pareciera que nadie quiere detenerse un minuto para escuchar y meditar.

Sin embargo, meditar es necesario.

La pareja debe buscar momentos de calma y serenidad, oasis de paz, durante los cuales, dejando las inquietudes y preocupaciones de lado, puedan leer, escuchar y discutir la Palabra de Dios. A la luz de esta Palabra, reflexionar sobre el hombre, la vida, el sufrimiento, la muerte, etc.

Rezar juntos constituye un ejercicio de humildad, de paciencia, de profundización. Rezar juntos es un momento significativo para retomar coraje e impulso a fin de realizar, con renovada energía y vivacidad, la unión conyugal, la armonía de la pareja, para superar las limitaciones, las debilidades y las imperfecciones de cada uno.

"A los miembros de la familia cristiana pueden aplicarse de modo particular las palabras con que Cristo promete su presencia: 'Les aseguro que si dos de ustedes se unen en la tierra para pedir algo, mi Padre que está en el cielo se lo concederá. Porque donde hay dos o tres reunidos en mi nombre, yo estoy presente en medio de ellos' (Mt 18, 19-20)" (Juan Pablo II).

Ritos familiares

La rapidez de la vida moderna, el trabajo, los quehaceres sociales, las solicitaciones venidas de todos lados, convierten al hogar en una especie de hotel de primera, segunda y tercera categorías, donde las personas se encuentran para alguna comida. Los sábados y domingos están reservados para las diversiones y paseos elegidos según el gusto de cada uno.

El confort del hogar, el encuentro afectivo y cordial de la comunidad familiar, se tornó un objeto de lujo y, por lo tanto, raro.

Mientras tanto, nada y nadie consigue sustituir un sano ambiente familiar.

Es cierto que los ritos no son la esencia de la religión y de la vida pero, sin ellos, la religión y la misma vida son frías, sin estímulo, sin atractivos.

En la familia —Iglesia doméstica— deben estar presentes los ritos familiares que se transmiten de padres a hijos.

El aniversario del matrimonio de los padres puede ser conmemorado con la renovación del compromiso matrimonial frente a la familia reunida, reviviendo el inolvidable día de las bodas.

El aniversario de nacimiento de los miembros de la familia debería unir a padres e hijos para rezar juntos por el festejado, agradeciendo a Dios la vida y la salud, implorando nuevas gracias y favores. De esta manera, la conmemoración festiva no se reduciría a una solemne sesión gastronómica, fiesta de estómagos antes que de corazones e inteligencias.

El beso al salir y al llegar a la casa debería ser un rito que alimente y reavive el amor de quien sale, de quien llega, para quien queda.

Cuando la enfermedad visita nuestra casa es el momento oportuno para, junto al sacerdote, reunirnos alrededor del lecho del enfermo para orar suplicando la salud.

¿Por qué tantas familias, nadando en la abundancia, se parecen más a un congelador que a un cálido nido de amor? Sucede que faltan los ritos familiares que conservan y animan una feliz convivencia.

En la cena de Navidad debería estar presente la oración fervorosa de todos los miembros de la familia; una oración del padre, que en nombre de Dios bendice, y de los hijos que agradecen. Allí sí que se realiza en toda su poética verdad la Palabra divina de Jesús:

"Donde hay dos o tres reunidos en mi nombre, yo estoy presente en medio de ellos". Y donde está Jesús está la felicidad.

¡Año Nuevo! Se destapan botellas de ron y de champaña, se devoran asados y pan dulce... A media noche, abrazos votos de felicidad, risas, gritos y tañir de copas... Mientras tanto, el gran responsable de nuestra vida y felicidad, Dios, queda de lado. Nadie agradece. Nadie implora bendiciones para el nuevo año.

Dios, el "Padre nuestro que está en el cielo", es el gran olvidado por los "padres que están en la tierra".

"La familia cristiana está llamada a ser en el mundo un signo del amor fiel de Dios para con su pueblo. Pero, para esto la familia cristiana está, antes que nada, llamada a acoger el amor de Dios y a imbuirse de este amor. Porque la familia está destinada por la Providencia a ser una comunidad en diálogo con Dios... La oración alimenta el respeto hacia Dios y el respeto recíproco. Coloca las alegrías y las tristezas, las esperanzas y desilusiones, cualquier evento y toda las situaciones, en la perspectiva de la misericordia y providencia divina" (Juan Pablo II).

No es correcto realizar el matrimonio religioso y no esforzarse por tener la posibilidad derivada de realidades que van más allá de la voluntad de rezar juntos todos los días, de escuchar la Palabra del Señor todos los domingos, de estar con la comunidad parroquial en la que Cristo prometió estar siempre presente.

No es concebible iniciar un viaje que ha costado un gran esfuerzo empeñativo, sin sentirse obligado a proseguirla. Mas, el matrimonio cristiano es partir hacia el viaje de la vida; en compañía de Cristo. ¿Tiene sentido invitar a Cristo como compañero de viaje sin tener la mínima intención de caminar con él?

Cristo quiere brindar a los cónyuges su capacidad de amar. Esto es maravilloso.

Tan pequeña y tan peligrosa

SI una grabadora reprodujese todas las expresiones de cariño, las promesas de amor eterno de los buenos tiempos del enamoramiento y del noviazgo... Y si una grabadora lograse reproducir —sin distorsionar— las palabras ofensivas, las frases cáusticas, los improperios de los años tempestuosos de casados... Notaríamos que la lengua que juraba amor es la misma que ahora golpea, hiere, corta y lacera el corazón.

La Biblia habla mucho de la lengua, ya sea en el Antiguo como en el Nuevo Testamento. Vamos recogiendo algunos pensamientos de las páginas inspiradas por Dios.

En el libro de Job leemos que Dios salva al hombre de seis peligros: uno de ellos es el "azote de la lengua". Látigo pequeño pero cortante que día y noche, sin tregua, envenena la coexistencia, socava el cimiento de la confianza y del amor, parte y despedaza el corazón.

¡Cuidado con el "azote de la lengua"! Dios te libre.

Observa cómo califica la lengua malévola el Salmo 52: "Tu lengua es como navaja afilada, y no haces más que engañar'" (Sal 52, 4).

Lengua que desprecia, que miente, que hiere el alma y la hace gotear lágrimas de sangre.

El libro de los Proverbios, en el capítulo décimo expone interesantes consideraciones y consejos que es útil leer y meditar. Son estos: "Donde abundan las palabras nunca falta el pecado, el que refrena sus labios es un hombre precavido" (v. 19).

"Los labios del justo sustentan a muchos, pero los necios mueren por falta de sensatez" (v. 21).

"De la boca del justo brota la sabiduría, pero la lengua perversa será extirpada" (v. 31).

"Los labios del justo destilan benevolencia, y la boca de los malvados, perversidad" (v. 32).

El apóstol Santiago, en su carta escrita hace casi dos mil años, habla de la lengua, y sus consideraciones son tan actuales que parecen escritas para los hombres de hoy. ¡Medita sus consejos y ejemplos!

"Si alguien cree que es un hombre religioso, pero no domina su lengua, se engaña a sí mismo y su religiosidad es vacía (St 1, 26).

"Si alguien no falta con palabras es un hombre perfecto porque es capaz de dominar toda su persona" (St 3, 2).

"Cuando ponemos un freno en la boca de los caballos para que nos obedezcan, dominamos todo su cuerpo. Lo mismo sucede con los barcos por grandes que sean y a pesar de la violencia de los vientos, mediante un pequeño timón, son dirigidos adonde quiere el piloto. De la misma manera, la lengua es un miembro pequeño, y sin embargo, puede jactarse de hacer grandes cosas" (St 3, 3-6).

Miren cómo una pequeña llama basta para incendiar un gran bosque. También la lengua es un fuego: es un mundo de maldad puesto en nuestros miembros, que contamina todo el cuerpo y hace arder todo el ciclo de la vida humana" (St 3, 5-7)

Cualquiera de nosotros arde de indignación al saber que un esposo golpeó brutalmente una mujer. Y no es para menos. Sin embargo, hay palabras y frases que van más allá de la epidermis y que humillan y aniquilan la personalidad.

Donde reina la injuria verbal, aumenta considerablemente la desolación del desierto de amor.

Podemos discutir aun con cierta vehemencia. Después de todo, la sangre hierve en nuestras venas y nadie está muerto. Pero a partir del día en que hiero con palabras groseras a mi cónyuge, una profunda rajadura comienza a amenazar la construcción de mi matrimonio. Y, para la ruina total, no falta mucho.

"De lo que rebosa el corazón habla la boca". Está claro que de un vaso de esencias exhala perfume. De un corazón rico en humildad, bondad y amor, sólo pueden brotar palabras que animan, confortan y estimulan al bien.

Lástima que también haya corazones-depósitos-de-orgullo, desconfianza y maldad. Ellos vomitan palabrotas y ofensas que infectan y contaminan con su veneno las paredes del hogar.

Y lo que es peor: matan el amor.

Hijos: riqueza y problema

"LOS niños, primavera de la vida, son la anticipación de la historia futura de cada patria terrestre. Ningún padre del mundo, ningún sistema político puede pensar en su futuro si no es a través de la imagen de estas nuevas generaciones que asumirán de los padres el patrimonio múltiple de los deberes y aspiraciones de la nación, a la cual pertenecen, y de toda la familia humana" (Juan Pablo II).

Existen tres realidades en las cuales el amor encierra la palabra definitiva: felicidad, procreación, educación.

En la vida, el amor debe contribuir a resolver el problema de la felicidad. Pero, la felicidad en el amor tiene su importante papel en la procreación y, más aún, en la educación de nuevos seres.

Para ser feliz y construir la felicidad, el hombre debe realizarse como esposo, padre y educador.

"La tarea educativa de los padres se revela de tal importancia que donde quiera que ésta falle, difícilmente puede ser suplida. Es deber de los padres crear un ambiente de familia animado por el amor, por la dedicación a Dios y a los hombres, capaz de ofrecer una completa educación personal y social de los hijos. La familia es la primera escuela de virtudes sociales de la que necesitan todas las sociedades" (GE 3).

Si existe una crisis evidente de padres educadores, es porque hay una gran crisis de esposos felices en el amor. Unicamente educa bien a sus hijos quien es feliz en su vida matrimonial.

La sociedad actual, que endiosó el tener, el gozar y el poder, está entrando en un trágico caos de desolación moral, de pesimismo y de angustia.

La juventud, sin rumbo en la vida, sin ideales, sin fines trascendentes, cayó en el pesimismo destructor, en la desesperación agresiva. Y las consecuencias son las manifestaciones que alteran los hogares y la sociedad, mostrando un mundo joven corrompido y sin rumbo.

En cierta forma, los hijos son la proyección de la edad madura de los padres y la continuidad de las generaciones anteriores. Todo recae sobre ellos, todo los envuelve y deja en ellos su estigma, convirtiéndolos en esclavos de sus antepasados.

Una gran cantidad de jóvenes son víctimas, o de lo que reciben, o de aquello de lo que son privados. Y la realidad más dolorosa es que muchos padres son los causantes de las desgracias de sus hijos, o ignoran los íntimos y torturantes problemas de los hijos por los cuales darían la propia vida.

Saber construir una familia, saber crear un clima afectivo de confianza, conocer los secretos de la formación del carácter y la conquista de las riquezas de la virtud y, sobre todo, rodear todo y a todos de un gran amor; ésta es la gran misión de los padres.

La autosuficiencia o la falsa seguridad personal hace que existan personas que juzgan no necesitar cambiar nunca de opinión. En el corazón del hombre anidan muchas ambiciones, pero poquísimos se dan el lujo de... pensar.

Piensa en tu altísima dignidad y misión de padre.

Padre, ¿qué conoces de tus hijos, de sus íntimos sentimientos e ideales, de sus luchas y victorias, de sus fracasos... de los tesoros que se ocultan bajo las antipáticas maneras de vestirse y hablar que tanto criticas?

¿Conoces algo del corazón de tu esposa? ¿Qué sabes de sus luchas, de la necesidad que tiene de tu presencia, de tu colaboración? ¿Te interesaste alguna vez por iniciar un diálogo con ella para soñar juntos, para trazar planes, para colaborar mutuamente, en fin, para realizar juntos su tarea educativa con entusiasmo y amor?

"Un momento fundamental para construir la comunión familiar está constituido por el intercambio educativo entre padres e hijos, en que cada uno da y recibe. Mediante el amor, el respeto, la obediencia a los padres, los hijos aportan su específica e insustituible contribución a la edificación de una familia auténticamente humana y cristiana. En esto se verán facilitados si los padres ejercen su autoridad irrenunciable como un verdadero y propio 'ministerio', esto es, como un servicio orientado al bien humano y cristiano de los hijos, y ordenado en particular a hacerles adquirir una libertad verdadera y responsable" (Juan Pablo II).

"Donde las condiciones sociales y culturales fuerzan a los padres a un cierto desinterés con relación a la familia o, de otra manera, a una menor presencia en la tarea educativa, es necesario ser solícito para que se recupere socialmente la convicción de que el lugar y el deber de los padres en y por la familia es de importancia única e insustituible.

La experiencia enseña que la ausencia de los padres provoca desequilibrios psicológicos, morales y notables dificultades en las relaciones familiares" (Juan Pablo II).

"No nací para educador ni fui preparado para eso". Sin embargo, para aquello que te gusta, siempre encuentras tiempo... y estudias y te informas... Después de todo, tu familia, la formación de tus hijos, ¿no constituye el centro de tu vida, de tus mejores y más fructíferas actividades como hombre, esposo y padre?

Vivir es trabajar constantemente para producir el bien o el mal de todos los hombres que existen y existirán; es sembrar hoy alegrías o lágrimas para el futuro.

Y tú, padre, que multiplicas vidas, ¿pensaste en tu inmensa y tremenda responsabilidad? Cada padre, sea quien fuere, de alguna manera tiene en sus manos la suerte del mundo.

✧

El hijo es un problema confiado por Dios a los padres para que ellos lo resuelvan. Y las soluciones no se improvisan.

Educar es un arte y una ciencia: ciencia que se debe aprender y arte que se debe ejercitar siempre. Ambos exigen dedicación, paciencia, amor y donación.

✧

La psicología del hombre está unida a su destino de esposo y padre. Como sostén de la familia, está dotado naturalmente de las cualidades necesarias para desarrollar su tarea: solidez, firmeza, vigor, calma, capacidad de decisión, serenidad en el juzgar, sentido de previsión, etc. El hombre recibió de la naturaleza características propias como para ser padre: voluntad tenaz, inteligencia perspicaz, coraje.

✧

La psicología de la mujer está unida a su destino de esposa y madre. Su mundo interior está hecho de intuición, delicadeza, sensibilidad, creatividad, finura; siempre con las antenas dirigidas al corazón antes que a la razón.

✧

La tarea de la educación de los hijos hunde sus raíces en la primordial vocación de los esposos de participar en la obra creadora de Dios. Tal participación en la obra creadora de Dios tiene una nueva y específica fuente en el sacramento del matrimonio, que los consagra para la educación. Tal vocación es un verdadero ministerio que Santo Tomás no duda en comparar al ministerio de los sacerdotes.

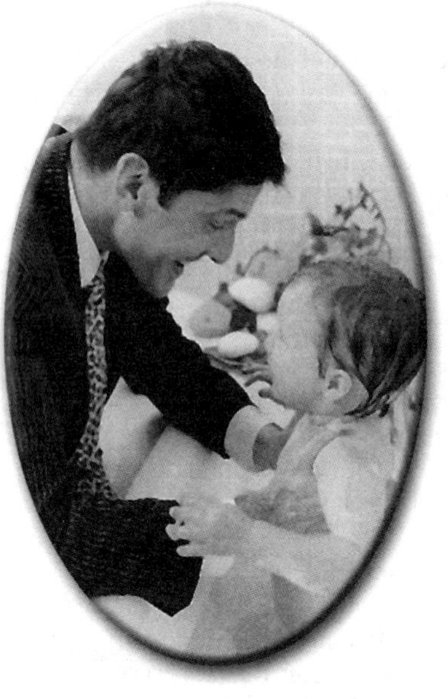

La paternidad y sus resonancias

DIOS es padre que engendra eternamente al Verbo, partícipe de su plenitud divina.

Dios es padre que, únicamente por amor, nos predestinó a ser sus hijos adoptivos por medio de Jesucristo.

Dios es padre que no solamente nos creó, sino que nos conserva el ser en su existencia y, con su Providencia, gobierna y se preocupa de cada uno de nosotros.

Dios quiere que nosotros lo llamemos Padre.

El hombre que responde a su propia vocación y crea una familia, está llamado a ser el representante de esta hermosa paternidad de Dios y, en cierto modo, participa en la creación de nuevos seres.

Es lógico, pues, que debe participar, como instrumento de la divina Providencia, en el gobierno de cada uno de estos seres para guiarlos hacia la plena realización de la propia finalidad.

✥

Ser padre es engendrar diariamente, con la educación, el ser espiritual que lentamente se mueve y desarrolla en el envoltorio físico que un día ustedes plasmaron junto a Dios, como viva expresión del amor conyugal. Esta experiencia vivida en la paternidad, ha de marcar, en su justa medida, el éxito o fracaso de la grandeza o miseria del hombre.

⊹

La generación material se cierra en un ciclo muy breve, con la mínima intervención paterna. Pero, al padre corresponderá, después, tomar las riendas de la segunda etapa y llevar a término la empresa más sublime: la de educar un hombre o una mujer. La creación material requiere nada más que un poco de materia; pero Dios, al infundir un alma, entrega una doble realidad a los padres compuesta de materia y espíritu. Y si el desarrollo físico preocupa a cualquier padre, la angustia y preocupación por su formación espiritual deben multiplicarse hasta el infinito.

Generalmente los hombres viven al margen de la nobilísima tarea de educar la personalidad de sus hijos. Algunos establecen esto como una norma de su vida matrimonial. Dicen a la esposa: "Yo trato de ganarme la vida y tú cuidas de lo hijos". Esto que, a primera vista, puede parecer un hecho natural, es una aberración. La formación progresiva del ser humano en su complejidad física, psíquica e intelectual es un quehacer de ambos. Principalmente el padre debe dedicarse a este ministerio, pues es el líder de la comunidad familiar.

⊹

Los hijos constituyen una de las mayores gracias de la Providencia para la salvación y santificación de los padres. De hecho, los hijos manifiestan, implacablemente, todos los defectos y fallas de los padres. Me animo a decir que educa bien el padre que es capaz de reconocer, aceptar y corregir en sí mismo los defectos que los hijos, hablando o callando, le hacen notar. Los hijos son un espejo límpido para los padres. Quien tenga el coraje y la humildad para contemplarse, reconocerse e iniciar prontamente su transformación, será apto para educar. Quien no lo haga así, cada día perderá autoridad y eficiencia.

❖

Los hijos se educan más por lo que "son" los padres que por aquello que "dicen" o "exigen". Nuestros hijos cambian solamente por la fuerza de lo que admiran y aman, y no tanto por aquello que se les enseña o impone. Casi todos los casos de cambio de vida de chicos o de jóvenes rebeldes o equivocados, tienen su origen en un acto de estima y afecto.

Y los jóvenes, en la edad en que sueñan con su futuro, lo hacen con la perspectiva de vida y de trabajo conforme al ideal encarnado en un hombre.

Padres, sean este ideal real, latente para sus propios hijos.

❖

Los hombres del mañana —niños de hoy— se desarrollan en un ambiente familiar que deja impresas en ellos, bien o mal, huellas imborrables.

❖

Actitudes, comportamientos garantizando la herencia biológica, no son más que asimilación del ambiente familiar. Se trata de una personalidad que, poco a poco, se fue plasmando sobre la personalidad de los padres desde los primeros años de vida, por imitación o reacción.

Basta observar su hogar: el chico, tal vez con poca o ninguna conciencia, pero con una irresistible capacidad de imitación, imprime en su mente lo que cae bajo sus sentidos: y todo queda imborrablemente impreso.

El niño no es un delincuente o un perverso precoz, es simplemente un reflejo. ¿Qué cae en la esfera de su conocimiento o sensibilidad? ¿Cuál es la realidad que deja un surco en el disco virgen de esta personalidad infinitamente sensible y maleable?

✥

La capacidad de asimilación es sorprendente. Se olvida o se menosprecia esta realidad infantil. Cuando los padres deciden iniciar un trabajo formativo, el mundo ya está formado, fijado y afirmado definitivamente.

✥

En la primera edad actúa el mundo de los sentidos que asimila imágenes, reproduce cosas vistas y reacciona continuamente frente a hechos y personas. De allí la importancia de un ambiente familiar agradable que sea fotografiado por los sentidos del niño.

✥

El rostro, sus impresiones diversas, la manifestación de los sentimientos, el tono de la voz, las palabras, los gestos, la relación de los padres entre sí, su unión, sus demostraciones de afecto, sus alegrías, sus desencuentros, en fin, todo aquello que en general es tenido poco en cuenta tiene repercusiones duraderas en la vida de los hijos.

Piensa en el invisible campo magnético, en el mundo de la ondas magnéticas, misterioso y decisivo en el campo científico. A pesar de invisibles e intocables, son de tal manera reales que superan todo lo imaginable. El chico es una estación receptora que, un día, reproducirá en alta fidelidad aquello que captó. ¿Y ustedes emiten para esa estación receptora ondas de bondad, amor y armonía?

✥

Los padres que pretenden educar y formar bien a sus hijos deben preocuparse por crear en su hogar un ambiente que favorezca la obra con la cual sueñan y que deben llevar a buen término.

La experiencia confirma cada día y de manera siempre más evidente, que lo que permanece imborrable en los hijos a lo largo de la vida, siempre son las cosas sentidas y vividas en el ambiente en el que transcurrieron los primeros años de vida. Cualquier actitud, gesto o palabra repercutirá de manera definitiva en la vida del hombre.

✥

Saber crear un ambiente familiar verdaderamente eficaz para la tarea educativa es una ciencia muy difícil; pero todo es posible cuando sabemos escuchar la voz del corazón y utilizar la inteligencia en un ambiente familiar. Así, siempre germinará la buena semilla.

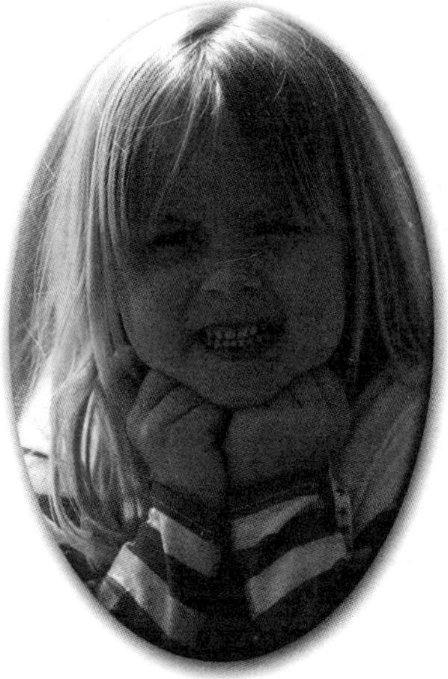

Amar a Dios...
Amar a los padres

MUCHOS padres lloran lágrimas amargas, lágrimas de sangre por la ingratitud de los hijos.

Muchos padres derraman dolorosamente estas lágrimas porque no enseñaron a sus hijos a amar a Dios.

✣

Dios reservó uno de los diez mandamientos de su ley que manda amar y respetar a los padres. Es justamente el cuarto mandamiento de la ley de Dios: "Honra a tu padre y a tu madre".

✣

Pero si ustedes, padres, no se comunican con Dios, no se interesan por su ley de amor, si ustedes no enseñan a sus hijos con la vida y las palabras a conocer a Dios y a amarlo, nunca podrán exigirles amor y respeto. La garantía del amor a los padres es el amor a Dios.

✣

Padre, debes ser para tus hijos una imagen viva y latente de Dios. Eres el intermediario del poder creador de Dios;

eres la figura encarnada de la Providencia divina; debes ser el primero y más autorizado transmisor del amor de Dios.

✥

Es triste y deprimente, pero trágicamente verdadero: hay padres que redujeron su misión sagrada, altísima y noble, a la simple "reproducción". Todavía no lograron superar el estado de irracionales...

✥

"La bendición, padre". Unicamente quien representa a Dios, quien tiene el poder de lo alto, puede ser el intermediario de las bendiciones divinas.

Y los padres son los depositarios de las bendiciones divinas y las derraman sobre sus hijos. "Dios te bendiga, hijo mío".

¿Qué otra cosa pretenden? Padres, sacerdotes del hogar, representantes del poder y de la bondad de Dios junto a los hijos. Misión noble, sagrada, divina.

✥

"Soy un padre ejemplar. No les dejo faltar nada a mis hijos: ropa, comida, dinero, gasolina para el carro... Todo lo que hago lo hago por mis hijos...".

Si el hijo se redujese a estómago, a músculos, yo concordaría plenamente contigo. Pero este hijo posee una vida, un corazón que es necesario formar con delicadeza, con paciencia, con diálogo, con amor... con oración. Este hijo que Dios te confió, un día deberá ser devuelto a Dios. ¿Pensaste en eso?

Algunas veces, somos inconsecuentes en nuestras exigencias. Queremos que nuestros hijos sean respetuosos, cariñosos, obedientes... Y nosotros, adultos, padres autoritarios, somos "pésimos hijos de Dios", de este Padre de todos los padres, de este "Padre nuestro que está en el cielo".

✥

He visto a muchas madres perder totalmente el control porque el hijo estaba enfermo. Médicos, remedios, llantos, noches sin dormir..., cuidados y sobreprotección enfermiza.

Pero si el hijo se encamina por el sendero del mal, si las malas compañías comienzan a quitarle la inocencia y a ensuciar el alma del adolescente, la madre sobreprotectora y el padre autoritario ocultan las preocupaciones con un: "Se está haciendo hombre... eso es lo que ocurre". Las enfermedades del alma, del espíritu, del carácter, no cuentan...

✥

"Es el cumpleaños de nuestra hija. Ella quiere una fiesta y vamos a festejar...". La vanidad de la hija es completa. La vanidad de los padres en exhibir a su "muñeca" está plenamente satisfecha.

Mas, ¿alguno de ellos pensó en llevar esta niña o jovencita a los pies del altar, agradecer a Dios la vida y la salud tan generosamente concedidas por él?... Dios no forma parte de esta familia. Y donde no hay lugar para Dios, difícilmente dejarán de existir los frutos podridos de los celos, de la envidia, del egoísmo, de la ingratitud...

✥

"Jesús vio una gran muchedumbre y se compadeció de ella, porque eran como ovejas sin pastor" (Mc 6, 34). En nuestro continente latinoamericano, hay una explosión de juventud. Son millones y millones de ovejas...

Y los pastores, los padres, ¿cuidan con amorosa dedicación a sus ovejas? ¿O Jesús, al contemplar nuestra juventud extraviada, violenta, drogada, tendrá que exclamar con toda su amargura: "Son como ovejas sin pastor"?

✥

Dos admirables efectos produce la religión en el apacible régimen del hogar: primero, aumenta la autoridad de los padres; por lo tanto, siendo ellos representantes de Dios, tanto mayor será su dignidad a los ojos de los hijos cuanto más perfecta sea la idea que ellos tengan de la divinidad. Segundo, distribuye generosamente los más valiosos auxilios para que los pequeños puedan corregirse, huir de los peligros, practicar la virtud y formar el carácter.

✥

Cierta vez, al no aguantar el sueño, decía un niño a su madre que lo mandaba a rezar las oraciones de la noche: "Mamá, ¿cuándo seré grande como papá?". "¿Por qué preguntas eso, hijo mío?", respondió ella. "¿Por qué deseas tanto ser grande como tu papá?". El chico replicó: "Para hacer como él, y no tener que rezar". Sin comentarios...

✥

"Al hacerse padres, los esposos reciben de Dios el don de una nueva responsabilidad. Su amor paterno está llamado a ser para los hijos el signo visible del mismo amor de Dios, 'del que proviene toda paternidad en el cielo y en la tierra'" (Juan Pablo II).

Creo sinceramente que el amor es el camino más amplio para llegar a Dios. Cuando un hombre y una mujer se aman verdaderamente, viviendo intensamente uno para el otro, caminan hacia Dios, aun sin conocerlo. Cuando más auténtico sea su amor, purificándose de las escorias del egoísmo, más se dispondrán a sentir la exigencia de un amor mayor, sin límite en el tiempo y la eternidad.

Este es el mensaje del apóstol Juan:

"Amémonos los unos a los otros, porque el amor procede de Dios, y el que ama ha nacido de Dios y conoce a Dios. El que no ama no ha conocido a Dios, porque Dios es amor". Quien ama, tal como dice san Juan, hace y vive la experiencia de Dios y lo conoce por medio de la vida en el amor.

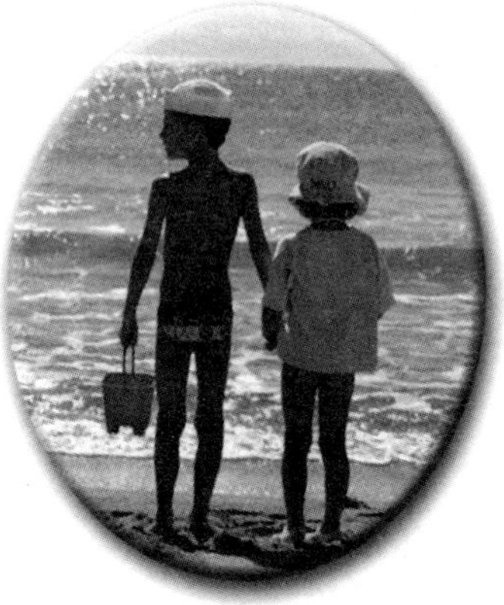

Educación para el amor: formar el corazón de los hijos

"DIOS eterno y todopoderoso, a quien nos atrevemos a llamar Padre, danos, cada vez más, un corazón de hijos...".

Esta es una oración que deberíamos enseñar a nuestros hijos. Quien tiene un corazón de hijo para el "Padre que está en el cielo", ciertamente tendrá un corazón de hijo para el "padre que está en la tierra".

Un corazón ingrato es terreno agreste donde no crece una flor, pero crecen, entre piedras y musgos, los más lacerantes espinos.

¡Que no sea así el corazón de tu hijo!

❖

Estoy seguro de que, en la medida en que los padres forman el corazón de los hijos para el amor a Dios y al prójimo, es-tán garantizándose a sí mismos el más eterno y constante amor.

Nos quejamos de la ingratitud y frialdad de nuestros hijos. Nosotros, desgraciadamente, no los formamos para el amor. Confundimos educar para el amor con educar para el placer... Amor es donación y no voluntad inagotable de recibir...

✤

¿Llevaste alguna vez a tu hijo a visitar el departamento de pediatría de algún hospital? A partir del día en que tu hijo sienta satisfacción por hacer sonreír a un niño enfermo, por regalar una golosina o una fruta que él compró con su dinero, a partir de ese día tendrás la certeza de estar formando un lindo y noble corazón, un auténtico corazón de oro.

✤

La juventud no está hecha para el placer; sino para el heroísmo. Nosotros, adultos, egoístamente endurecidos, juzgamos a los jóvenes por aquello que nosotros acostumbramos ser... Es un engaño.

Hay magníficas reservas de donación y generosidad heroica en el corazón de los jóvenes. Lo que falta es despertar en ellos estas fuerzas latentes.

✤

Pobre juventud, solicitada, día y noche, por el placer humillante de los sentidos por medio de un torrente violento de futilidades y de pornografía... No hay estímulo para el trabajo, para el deber, para la donación de sí en beneficio del prójimo.

Por lo menos, que no les falte el ejemplo de los padres, el ambiente sereno del hogar que les enseñe la alegría de la donación, la belleza del verdadero amor.

✤

Una hija adolescente decía al padre médico: "Papá, ¿me vas a regalar un anillo de brillantes para mis quince años?". "No, hija mía, antes de eso desearía que diesen una vuelta con tu padre, el próximo domingo".

Y en la tarde del domingo, la bella debutante acompañó a su padre a visitar tugurios y villas de emergencia, enfermos y niños desnutridos..., un montón maloliente de pobreza y de miseria.

Al día siguiente, después de una noche insomne, la joven dijo a su padre: "Papá, no necesitas comprarme el anillo de brillantes. Vamos a gastar aquel dinero con los niños y los pobres".

La adolescente estaba creciendo en el amor... El padre le estaba plasmando, con éxito, el corazón sensible y generoso.

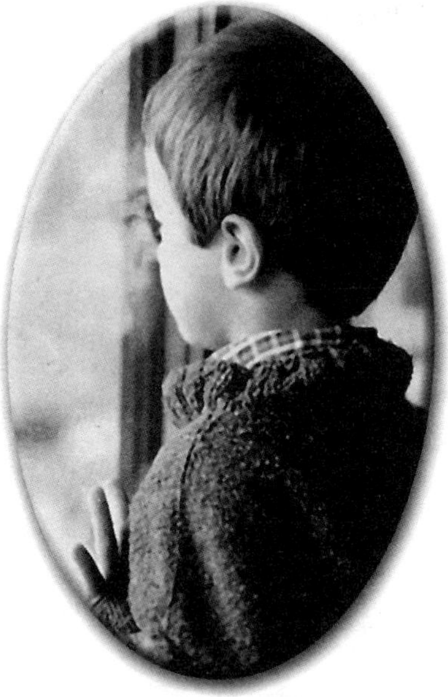

La fuerza educativa del amor

SOLAMENTE se logra educar gracias a la fuerza educativa del amor.

Con el interés cada vez más creciente por el estudio de las enfermedades mentales, las investigaciones dedican su mayor atención a la primera y segunda infancias del hombre. Y el resultado de estas investigaciones nos permite afirmar, sin temor a equivocarnos, que el amor constituye la experiencia más importante del ser humano.

Si la carencia afectiva puede provocar grandes atrasos en el crecimiento fisiológico, sus tristes consecuencias son más sensibles en el desarrollo de la personalidad y del comportamiento. Delincuencia, rebeldía, neurosis, actitudes antisociales del joven pueden ser, en gran parte, atribuidas a una infancia carente de amor.

✣

El niño se forma una imagen del mundo, sobre todo por medio de los contactos con la madre. Como consecuencia de ello, si la madre es amorosa o no, sentirá el mundo propenso o no en relación consigo mismo. Lo mismo hay que decir en lo que se refiere a la relación afectiva con el padre.

❖

Cuántos complejos sexuales del matrimonio tienen como única raíz, en la psicología del niño, una desagradable imagen paterna. Este es un campo muy vasto e interesante para descubrir.

El niño aprende a amar siendo amado. Si no fue amado, no sabrá amar.

❖

Los niños que no fueron amados y no se sintieron amados, cuando son adultos, encuentran muy difícil comprender el significado del verdadero amor. Resultado: tienden a la superficialidad en todas sus relaciones humanas.

Los problemas de los chicos deben ser enfrentados con amor. Pero, el amor que madura y equilibra al ser humano es el que parte de ambos padres y del clima afectivo de la familia. El amor no puede ser suministrado con "inyecciones". El amor se vive, continuamente se respira.

❖

El amor es una fuerza que enriquece de mil maneras la vida de quien lo da y de quien lo recibe. Es la única cosa que nunca es donada en exceso.

❖

Nuestro paganismo erigió en ídolo al individuo. Ahora bien, a eso lo llamamos egoísmo, la más generalizada negación del amor.

¿Cuál es la característica del proyecto cristiano del amor? Es la gratuidad. No nos casamos para afirmarnos a nosotros mismos y nuestros propios intereses, sino para donarnos uno al otro. "Quien pierde su vida, la ganará", dice Jesús.

✛

Los esposos no son dos personas que están juntas "para jugar a marido y mujer", sino para construir juntos una sociedad basada en la benevolencia, afectividad, disponibilidad, hospitalidad, fecundidad y culto por la vida.

✛

Existe un libro que es leído las veinticuatro horas del día: un libro cuyas páginas hojean, todos los días, adultos instruidos o niños aun analfabetos. Y este libro es insustituible para la vida y felicidad de los hijos: es el libro donde el padre y la madre, en cada momento, cada día, escriben las páginas de su vida. Si esas páginas están iluminadas por el amor, el libro será el gran maestro y la fuente cristalina y perenne de amor y felicidad para los hijos.

✛

El amor de un ser humano para con el otro es, tal vez, la prueba más difícil propuesta a cada uno de nosotros; pero al mismo tiempo es el más bello testimonio de nosotros mismos. Es la prueba suprema de la cual las demás simplemente son una preparación. Esta es la razón por la cual los jóvenes, que todavía no tienen experiencia, aún no saben amar. Ellos deben aprender a amar.

✛

Las experiencias íntimas de los chicos muestran profundas crisis de soledad y de incomprensión, traumas afectivos, ansias, angustias y temores, monstruos que aparecen en sus sueños, lágrimas del alma que destruyen su vida todavía floreciente... Estas amarguras y tragedias de los chicos son, generalmente, ignoradas por los padres que juzgan felices a sus hijos porque "no les falta nada".

❖

No son "cosas" lo que sus hijos necesitan. Comprendámoslo de una vez por todas. Ellos tienen hambre y sed de ustedes, padres; de su presencia, de su mirada, de sus preguntas, de su interés, de su intimidad que abre sus pequeños corazones. Ellos necesitan de su tiempo, de su afecto vivo y presente como el aire para respirar.

❖

Su hijo tiene terribles crisis de agresividad... Ustedes se irritan y preocupan por esa rebeldía. Muchas, pero muchas veces, estas actitudes desafiantes y rebeldes de sus hijos, no son nada más que la explosión de un corazón insatisfecho que rehúsa obedecer porque, primeramente, quiere ser amado.

❖

No basta amar, los chicos y adolescentes deben darse cuenta de que son amados; deben sentirse amados.

❖

Debemos convencernos de que no es suficiente la afectuosidad instintiva que se detiene en la superficie y no penetra en el interior del alma. El amor de los padres debe ser inteligente, positivo, activo, exuberante y deseoso de conquistar el corazón del hijo sin hacerlo esclavo. Los padres deben saber penetrar en lo íntimo del alma de los hijos para disiparles las dudas. Deben descubrir sus secretas inquietudes sin herirlos; deben provocar una liberación íntima que los llene de alegría.

❖

He aquí uno de los más profundos secretos de la interioridad de los niños: padres y madres que frecuentemente se sacrifican, minuto a minuto, dispuestos a donar su vida por los hijos, encuentran esta maravillosa y heroica dedicación más que suficiente para manifestar su amor. Aunque esto fuese objetivamente verdadero, no bastaría. Podrá provocar cierta gratitud, pero nunca se tendrá la certeza de que se llegó al corazón sediento de amor. Cada corazón debe ser conquistado, cada vida descubierta, la confianza ganada y merecida. En el arte de esta conquista íntima y personal se encuentra el secreto de la educación.

A partir del instante en que el niño se siente amado, se abandona dócil y totalmente: ahora es fácil lograr milagros en su educación. La experiencia lo confirma siempre.

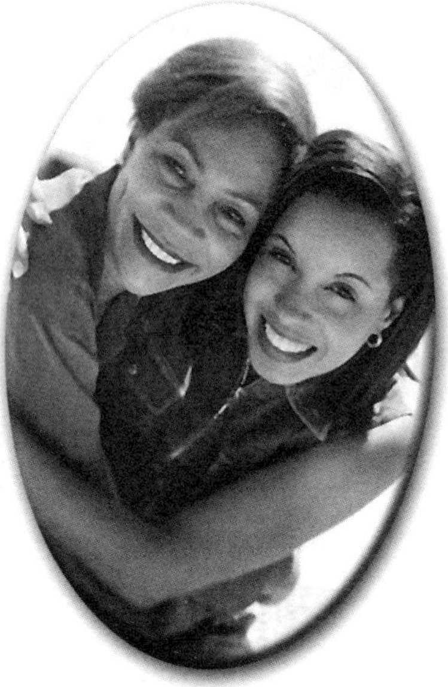

Amar también es corregir

EL profeta Jeremías fulmina con amenazas, en nombre de Dios, a los malos pastores que dejan perder las ovejas.

"Ay de los pastores que pierden y dispersan el rebaño de mi pastizal" (Jr 23, 1). Los hijos, estas ovejas confiadas por Dios al amor sabio y luminoso de los padres, deben sentirse guiados, protegidos, alimentados por sus padres, sus mejores pastores.

❖

¡Corrige a tu hijo! Ellos no nacen perfectos. El mal no les cuesta nada, pues basta seguir la corriente. ¿Pero el bien? Este se desarrolla por medio de la enseñanza constante y de la lucha diaria. Deber ineludible de los padres es hacer todo lo posible para que los hijos no marchen por el amplio y cómodo camino del mal y sí por el camino áspero y a veces escarpado, del bien. Pueden hacer de sus hijos o un ángel o una fiera. Mucho depende de sus esfuerzos.

❖

La afectividad de los hijos muchas veces está afectada por el egoísmo de los padres, camuflado en benevolente condescendencia. El padre quiere comprar la simpatía de los hijos con una camaradería que genera facilidades. La madre, a su vez, no quiere quedarse atrás y lo permite todo, no exige nada para no ser inferior al marido. ¡Pobres hijos! ¿Será necesario rebajarse tanto hasta llegar a negociar caricias y besos con criminales capitulaciones?

⁌

Virtud es el hábito del bien que se adquiere con la repetición de actos buenos. Vicio es el hábito del mal que deforma la personalidad por medio de las malas acciones repetidas.

Este es el trabajo del padre sabio y amoroso: hacer que su hijo, desde la infancia, adquiera hábitos buenos.

La naturaleza nos enseña. Para que los árboles ostenten su manto perfumado de flores y se llenen de frutos, necesitan ser podados. Gajos excesivos e inútiles deben ser cortados sin dolor, para que el árbol pueda producir. Lo dice el Evangelio: "... Todo sarmiento que da fruto, lo poda para que dé más todavía" (Jn 15, 2).

Haz lo mismo con tu hijo. Con amor, sabiduría, cariño y energía, elimina lo que deforma la personalidad del hijo.

Podar, podar sin temor: un día recogerás los más sabrosos frutos.

⁌

"Hijo, si ganas el año, te regalaré una bicicleta". Estás equivocado. Esto no se llama educar y animar para el deber y para la vida, sino deformar para el fraude... El deber y la obligación deben exigirse y cumplirse, independientemente de quien paga.

Con este sistema, los hijos condicionarán todo lo que tienen que hacer a una recompensa que esperan recibir. Y si no hay recompensa, no cumplirán con el deber.

Con la tonta manía y miedo de crear "retrasados" todo se consiente, todo se permite a los hijos desde la más tierna infancia. Resultado: se crean egoístas, insaciables e ingratos. Corazones de piedra...

Al hablar de educación de los hijos, nada recomienda tanto los libros sapienciales como el deber de corregirlos.

"Si tienes hijos, edúcalos y exígeles obediencia desde su niñez" (Si 7, 23).

"El que ama a su hijo lo castiga asiduamente, para poder alegrarse de él en el futuro... Un caballo sin domar se vuelve reacio, y un hijo consentido se vuelve insolente... Pégale sin temor mientras es niño, no sea que se vuelva rebelde y te desobedezca. Educa a tu hijo y fórmalo bien, para que no tengas que soportar su desvergüenza" (Si 30, 1.8.12-13).

✧

Si es obra de misericordia corregir a quien se equivoca, mucho más lo es el corregir a los hijos; a ello están obligados los progenitores, no solamente por misericordia, sino por justicia. Presumimos, por cierto, que los padres solamente den "golpes de amor que no duelen" como dice el dicho, y nunca de odio o pasión desordenada. Es preciso que sepan castigar a tiempo, con calma y moderación, de suerte que los hijos entiendan lo que quieren los padres, lo que motiva tales penalidades.

✧

La sabiduría popular enseña que "quien bien ama, bien castiga".

Si los padres no pegan con amor y por amor, si golpean a diestra y siniestra a los chicos, son inhumanos e insensatos pues provocan la ira de sus hijos.

San Pablo es claro al respecto: "Padres, no exasperen a sus hijos, para que ellos no se desanimen" (Col 3, 21).

✥

"El árbol se endereza desde chico" dice el refrán. Es una falta de tacto dejar que los hijos crezcan al sabor de sus caprichos y, después, pretender corregirlos.

Reprime las obstinaciones de tus hijos para con las golosinas, los juguetes, las pretensiones tontas y, más tarde, no tendrás dificultad para apartarlos de las compañías, de los lugares y de los hábitos indignos.

Enseña a tu hija pequeña a dejar la muñeca cuando se lo ordenas y, después cuando joven, fácilmente dejará el novio que no es bueno.

✥

Lástima de los padres y, especialmente de las madres, que no saben hacer otra cosa que satisfacer todos los caprichosos deseos de los hijos y ahogarlos con caricias. ¡Cruel bondad! Estas madres se asemejan a ciertas monas —a las que hace mención Plinio— que, a fuerza de caricias y abrazos, sofocan y matan a los monitos.

No basta con ser padre; es necesario ser "buen padre".

Y bueno no es aquel que lo permite todo, que deja correr, que deja hacer. Esta bondad mal entendida puede ser tomada como sinónimo de comodismo y de omisión. El comodismo nunca llegó a ser bondad, y la omisión cuando mucho puede ser titulada de "pereza".

✥

El mayor deber de los padres es educar bien a los hijos; pero al mismo tiempo es su mayor interés. No hay mayor herencia que una buena educación y, sin ésta, de nada sirve todo el oro del mundo. Hijos bien educados son el consuelo, la felicidad y la gloria de los padres; hijos mal educados son su vergüenza, su aflicción y su maldición frente a Dios y a los hombres.

✣

Lee los capítulos 2, 3 y 4 del segundo libro de los Reyes, hay allí algunas lecciones cuyo resumen expongo aquí:

El gran pontífice Elí, jefe espiritual y temporal de los judíos, no obstante ser el benemérito del pueblo elegido al que gobernaba desde hacía cuarenta años, fue severamente penado por el Señor porque, aunque él se corregía, no lograba hacer lo mismo con sus hijos Jofní y Pinjás: ambos perecieron al mismo tiempo en una batalla y el padre, al recibir la funesta noticia, cayó de su silla, se rompió la nuca y murió.

✣

Otra lección extraída también del segundo libro de los Reyes.

Se resume así: luego del comienzo de su sagrado ministerio, iba el profeta Eliseo por el camino estéril del valle del Jordán hasta Betel, cuando salieron de la ciudad unos muchachos que se burlaban de él diciendo: "¡Sube, calvo!". Y miren lo que sucedió: salieron del bosque dos osos, que despedazaron a cuarenta y dos de esos jóvenes malcriados, cuyos padres no los corrigieron a tiempo, y, como es de suponer, les provocaron semejante desgracia.

✣

Los hijos del rey David, Amón, Absalón y Adonías, mancharon su casa con el incesto, el fratricidio y las rebeliones, que amargaron los últimos días y el reinado del viejo monarca. ¿Y por qué? El desordenado y excesivo amor de David a sus hijos impidió que los castigara a tiempo.

Después del nefasto crimen de Amón, dice el Libro Santo: "Cuando el rey David se enteró de lo sucedido, se indignó profundamente" porque amaba a su primogénito (2S 13, 21).

De Adonías, que encabezó una insurrección contra su padre David, se dice lo mismo: "Nunca su padre lo había reprendido" (lR 1, 6).

Y cuando sucedió la tremenda revuelta de Absalón, sofocada ésta, David estuvo a punto de perder todos los beneficios de la victoria, porque, en lugar de alegrarse por la salvación del reino, no hacía otra cosa que llorar y repetir: "Mi hijo, Absalón. Mi hijo, Absalón".

Tanto es así que Joab, gran general de sus ejércitos, le echó en cara su actitud con estas palabras: "Seguro que si Absalón estuviese vivo y nosotros muertos, a ti te parecería una cosa justa" (2S 19, 7).

Padres, mediten en las consecuencias de un amor en sentido inverso que, lejos de facilitar el futuro de los hijos, los hace desgraciados para siempre.

✣

Fíjate en una obra de arte esculpida en mármol: si ella pudiese hablar, les contaría una larga historia. Cuánto sufrimiento al rasgarle los ojos..., la boca..., al alisarle el cabello y la palma de la mano..., al contornearle los dedos... Pero, si no fuese por el cincel del artista, hubiera permanecido pa-ra siempre como un informe bloque de mármol. Fue el tra-bajo paciente y tenaz del escultor quien brindó a la huma-nidad, una obra maestra.

Tu hijo debe ser trabajado con arte, con paciencia, con amor y energía. Ojalá sean ustedes los artistas de una verdadera obra de arte, viva y palpitante.

Indice

Prefacio	5
¿Recuerdas aquel día feliz?	7
Amar es construir	15
Diálogo entre los padres y con Dios	21
Ritos familiares	25
Tan pequeña y tan peligrosa	29
Hijos: riqueza y problema	33
La paternidad y sus resonancias	39
Amar a Dios... Amar a los padres	45
Educación para el amor: formar el corazón de los hijos	51
La fuerza educativa del amor	55
Amar también es corregir	61

APRENDER A AMAR EN PAREJA

Renold J. Blank

El noviazgo es un camino de aprendizaje del amor cuyos obstáculos y dificultades preparan la vida del hogar; esta obra quiere orientar ese caminar de manera responsable y madura.

CÓMO ENRIQUECER LA VIDA FAMILIAR

Hernando Duque
Rebeca Sierra

Presenta el análisis de quince temas que suelen afectar la vida conyugal, y aporta elementos para la superación de sus crisis y dificultades.

EL DIÁLOGO CONYUGAL

Jaime Fernández

El diálogo, en sus diversas expresiones, es el mejor camino para lograr la real completación de los esposos

EDUQUE A SUS HIJOS PARA DIOS

P. Zezinho

Para ayudar a los padres que se preocupan por la educación religiosa de sus hijo.

EL MATRIMONIO FELIZ

Ignacio Larrañaga

Acompañamiento a las parejas en su peregrinación hacia el alto ideal de la plenitud conyugal.

LA VIDA EN FAMILIA

Hernando Duque

Este libro, quiere dar una respuesta a esos innumerables vacíos y necesidades educativas, a partir de un trabajo de terapia familia, a fin de brindar el tratamiento adecuado.

TALLER SAN PABLO
BOGOTA D.C.
IMPRESO EN COLOMBIA — PRINTED IN COLOMBIA